조각가 미켈란젤로

〈계단의 성모〉, 1491

〈켄타우로스의 전투〉, 1492

〈브뤼헤의 성모〉, 1503-1505

〈피티 톤도〉, 1503-1505

〈젊은 노예〉, 1519-1536

〈타데이 톤도〉, 1504-1506

〈피에타 반디니〉, 1547-1555

역자 **허보미**

홍익대학교 예술학과 졸업 후 서울대학교 대학원 미술경영학과를 수료하였으며, 한국 외국어 대학교 통번역 대학원 재학 중이다. 현재 번역 에이전시 엔터스코리아에서 출판 기획 및 번역가로 활동 중이다. 주요 역서로는 『타투 디자인 대백과』, 『3000 수채화 혼색 레시피』, 『어반 스케치 핸드북: 태블릿 드로잉』, 『단숨에 읽는 인상주의』 등이 있다.

영원한 천재 예술가 미켈란젤로 부오나로티

글 키아라 로사니 | **그림** 빔바 란트만 | **옮김** 허보미 | **펴낸날** 2022년 11월 25일 초판 1쇄
펴낸이 김상수 | **펴낸곳** 루크하우스 | **기획·편집** 이성령, 권정화, 전다은 | **디자인** 문정선, 조은영 | **영업·마케팅** 황형석, 임혜은
주소 서울시 서초구 사임당로 50 해양빌딩 504호 | **전화** 02)468-5057 | **팩스** 02)468-5051
출판등록 2010년 12월 15일 제2010-59호
www.lukhouse.com cafe.naver.com/lukhouse

ISBN 979-11-5568-533-4 74600 ISBN 979-11-5568-506-8(세트)

※ 잘못된 책은 구입처에서 바꾸어 드립니다.
※ 값은 뒤표지에 있습니다.

상상의집은 (주)루크하우스의 아동출판 브랜드입니다.

That genius called MICHELANGELO by Chiara Lossani and Bimba Landmann
Texts © Chiara Lossani
Illustrations © Bimba Landmann
Copyright © "Edizioni Arka S.r.l., Milano 73/75 - 20010 Cornaredo (Milano), Italia"
Crediti fotografici:
Foto David : ©Antonio Quattrone
La Pietà e tutte le immagini della Cappella Sistina: © Musei Vaticani, Governatorato SCV.
Testa di David e testa di Mosè: ©Archivi Alinari-archivio Brogi, Firenze
Per tutte le altre immagini: © Free Software Foundation
Korean translation rights © Lukhouse 2022
Korean translation rights are arranged with Il Castello S.R.L. through AMO Agency, Korea
All rights reserved.

이 책의 한국어판 저작권은 AMO에이전시를 통해 저작권자와 독점 계약한 루크하우스에 있습니다.
저작권법에 의해 한국 내에서 보호를 받는 저작물이므로 무단 전재와 무단 복제를 금합니다.

영원한 천재 예술가

미켈란젤로 부오나로티

조르조 바사리의 『미술가 열전(Le Vite)』과
아스카니오 콘디비의 『미켈란젤로 부오나로티의 삶』에서 영감을 받아
키아라 로사니가 쓰고 빔바 란트만이 그리다.

미켈란젤로 부오나로티는 화가, 조각가,
건축가, 시인으로 명성을 떨쳤어요.
하지만 항상 자신을 조각가라고 생각했어요.
죽는 날까지도 대리석 안에 갇혀 있는 모양을
끄집어내려고 망치와 끌로 대리석을 깎고
또 깎았답니다.

상상의집

1564년, 이탈리아의 수도 로마에는 어둠이 내려앉았어요.
도시의 거리는 축제를 즐기는 사람들로 가득했지요.
하지만 트라야누스 원주 근처의 한 집 안에서는 쿵쾅쿵쾅 큰 소리가 새어 나왔어요.
느리면서도 규칙적인 그 소리는 마치 심장이 쿵쿵 뛰는 소리 같았어요.
나이가 지긋한 한 조각가가 나무망치로 끌*을 치면서 중얼거렸어요.
"폭풍우가 몰아치는 바다 위
금방이라도 부서질 듯한 작은 배
나의 인생은 오늘날까지의 선행과 악행에 대해 생각하는 항구에 다다랐다…"
이상한 모자에 달린 양초의 불빛이 희미한 두 윤곽을 비추고 있었어요.
그는 조각에 너무 집중한 나머지 잔뜩 먼지를 뒤집어쓴 어린 소년이
자신을 향해 걸어오는 것도 알아차리지 못했어요.

―――――
*끌 망치로 한쪽 끝을 때려서 나무에 구멍을 뚫거나
 겉면을 깎고 다듬는 데 쓰는 연장.

"미켈란젤로님, 밖으로 나가 축제를 즐기지 않겠어요?"
미켈란젤로는 성난 눈으로 쏘아보며 말했어요.
"말도 안 되는 소리! 나는 단 한 번도 무언가를 즐겨본 적이 없는 사람이야!"
"어린아이였을 때도요?"
바삐 움직이던 미켈란젤로의 손이 대리석 위에서 갈 곳을 잃은 채 공중에 멈췄어요.
"내가 아이였을 때?… 너무나 많은 세월이 흘렀군."
순간 그의 눈빛이 반짝이기 시작했어요.
미켈란젤로는 뿌연 안개 같은 시간을 거슬러 기억을 더듬었어요.
쿵쿵 대리석을 깎아내는 소리는 마치 시간을 거꾸로 되돌리는 시계의 종소리 같았죠.

"내가 어릴 때, 아버지는 나를 석공들의 마을인 세티냐노에 있는 유모에게 맡겼어.
유모의 젖을 먹을 때 대리석 가루까지 같이 들이마신 게 틀림없어.
왜냐하면 나는 어릴 때부터 내가 조각가가 되고 싶어 한다는 걸 알 수 있었거든.
아주 어린 나이였지만 이미 끌을 사용하는 데 도사였지."
"어머니는 어디 있었어요?"
"피렌체에서 동생들을 돌보았지. 얼마 지나지 않아 돌아가셨지만."
"어머니가 많이 그리웠나요?"
미켈란젤로는 작업하고 있던 마리아 조각상의 얼굴을 부드럽게
어루만졌어요. 눈에는 그리움이 가득 서렸지요.
"어른이 돼서야 어머니를 다시 찾을 수 있었어.
대리석 조각에서 말이지…."

"조각은 누구에게 배웠나요? 학교도 다녔나요? 친구들은 없었나요?"
"친구? 하! 난 다듬어지지 않은 돌처럼 거칠었어.
13살 때는 피렌체 최고의 화가였던 기를란다요 선생님의 제자가 되었어.
그곳에 도착하니 한 소년이 선생님의 작품을 본떠 똑같이 그리고 있었어.
'저런 그림 정도는 쉽게 그릴 수 있지.'
내 말을 듣고 소년은 크게 비웃었어.
기를란다요 선생님은 그림 한 점을 주며 똑같이 그려 보라고 했어.
내가 그 그림을 완벽하게 완성했을 때, 결국 마지막에 웃을 수 있는 사람은 나였어.
심지어 원본 대신 내가 완성한 그림을 돌려드렸는데, 선생님은 알아차리지도 못했어.
다른 제자들은 나를 질투 어린 시선으로 쳐다보기 시작했지.
그때 이 학교는 나를 위한 곳이 아니라는 걸 알았어.
내 꿈은 대리석을 조각하는 것이었지!"

'대리석'이라는 단어를 말할 때마다 미켈란젤로의 눈이 반짝였어요.
"피렌체 공화국의 지배자였던 로렌초 데 메디치 소유의 정원이 있었어.
편백나무와 레몬 나무가 늘어선 정원은 꽃뿐만 아니라 젊은 예술가들도 피어나는 곳이었어.
그때 나는 고대 그리스 로마 시대의 조각상을 따라 새기면서 조각의 아름다움을 배우고 있었지.
조각상 머리를 다듬고 있던 어느 날, 로렌초가 나를 알아봐 주었단다.
'조각상이 매우 훌륭해! 그런데 한 군데 실수를 한 것 같은데…
늙은 할아버지는 그렇게 이가 많지 않지!'
나는 눈 하나 깜짝하지 않고 끌로 조각상의 잇몸에서 이 하나를 뿌리째 뽑아 버렸어.
로렌초는 웃음을 터뜨렸고 그때부터 내 모든 작품을 인정해 주었어.
그는 예술을 사랑했어.

내가 16살 때, 로렌초는 다른 화가, 시인, 철학가들과 함께
그의 궁전에서 살게 해 주었어.
수많은 연회, 만찬, 무도회가 열렸고
우리는 그곳에서 새로운 삶의 방식을 꿈꾸었지.
이때가 바로 아름다움의 시대, 르네상스의 시작이었어.
로렌초가 독재자라는 소문도 있었지만,
나는 나를 친자식처럼 대해 주는 그를 좋아할 수밖에 없었어.
그의 정원에서 나는 언제나 혼자 일했지.
그곳에서도 친구를 만들지 않았거든.
최고가 되는 것의 대가로는 항상 고독이 따라오는 법이니까."

"1492년에 로렌초가 세상을 떠나고, 아들 피에로 데 메디치가 전권을 이어받았어.
그는 예술에 대한 열정이라고는 전혀 찾아볼 수 없는 독재자였어.
한번은 그가 나에게 조각상 제작을 맡겼는데, 그건 대리석을 사용하는 일이 아니었어."
미켈란젤로는 반쯤 눈을 감은 채로 이야기를 이어갔어요.
"그해에는 유난히도 많은 눈이 내렸지.
베키오 궁전, 아르노강, 그리고 모든 다리들이 새하얀 눈으로 뒤덮였어.
모두가 넘어지고 미끄러지기 일쑤였지. 오직 아이들만이 눈을 보며 즐거워했어.
그런데 그건 나도 마찬가지였어!
메디치 궁전 안뜰에서 나는 눈으로 헤라클레스 조각상을 만들고 있었지.

눈송이가 내 속눈썹에 수북이 쌓이든, 눈이 내 귀 속으로 들어가든,
내 손이 나뭇가지처럼 뻣뻣하게 굳어지든 나는 상관하지 않았어.
마치 내 몸 안에서 태양빛이 내리쬐는 것처럼 하나도 춥지 않았지!
그렇게 여덟 날을 꼬박 조각에만 몰두했는데,
점점 날씨가 따뜻해지더니 내 커다란 눈 조각상이 녹기 시작했어.
…결국 아무것도 남지 않게 되었지.
오직 대리석만이 그 안에 살아 숨 쉬는 형상을 영원히 보존할 수 있어!"
미켈란젤로는 마치 자신이 대리석 덩어리인 것처럼
끌로 가슴을 두드리며 소리쳤어요.

"얼마 후 메디치 가문은 피렌체에서 쫓겨났고 나는 로마로 향했단다.
한 추기경이 내가 고른 대리석으로 피에타* 조각상을 만들어달라고 했거든."
"저도 본 적이 있어요! 성모 마리아의 얼굴이 어린 소녀 같은 모습이었죠.
우리가 생각했던 예수님의 어머니 얼굴이라고는 상상할 수 없을 정도로요."
미켈란젤로는 아무런 말도 하지 않았어요. 눈가에는 그리움이 가득했죠.
"이제 알겠어요…. 어머니 모습을 본떠 조각한 거군요! 정말 아름다워요!"
"나는 무척이나 자랑스러웠어."
얼굴이 붉어진 미켈란젤로가 대답했어요.
"…그렇다면 작품에 서명을 남기고 싶었겠네요!"
미켈란젤로는 고개를 저었어요.
"그렇지는 않았단다. 그때 나는 눈과 코 부분을 마무리하려고 작고 가벼운 돌로
마리아의 얼굴을 매만지고 있었어. 잠깐 누군가가 불러서 나갔다가
다시 돌아오니 한 순례자가 이런 말을 하고 있더구나.
'정말 훌륭한 마리아상입니다! 롬바르도 민족이 만든 것이죠!'
그 말을 듣고 나는 한 마디도 하지 않았어.
대신 그날 저녁, 조그만 양초에서 새어 나오는 불빛으로 조각상을 밝히며
마리아가 입은 튜닉**을 따라 흐르도록 장식한 띠에 몰래 이렇게 새겼지."

'피렌체의 미켈란젤로 부오나로티가 만들다.'

그는 만족스러운 미소를 지었어요.
"이 조각상 덕분에 나는 21살의 나이에 이름을 날릴 수 있었단다.
이후 피렌체로 돌아갔어. 또 다른 하얀 거인이 대리석에서 벗어나기 위해
나를 기다리고 있었거든."

*피에타 이탈리아어로 '자비를 베푸소서'라는 뜻으로, 십자가에서 내린 그리스도의 시체를 무릎에 안고
 슬퍼하는 마리아를 표현한 것.
**튜닉 허리 밑까지 내려와 띠를 두르게 된, 여성용의 낙낙한 블라우스 또는 코트.

"피렌체 공화국에서 무릿매로 거인 골리앗을 물리친 다윗 동상을 조각해달라고 부탁했어.

나는 커다란 대리석 주변으로 발판을 세웠어. 그런 다음, 마치 질투 어린 연인처럼
작업할 공간과 거리를 분리할 수 있는 장벽을 세워 두었지.
이후로 몇 날 며칠을 거기에 앉아서 대리석만 뚫어져라 쳐다보는 거야.
'너는 어떤 존재일까? 무엇을 보고 있을까? 손에는 무엇을 쥐고 있을까?'
마침내 거대한 대리석 덩어리에 갇힌 존재가 머릿속에 들어왔을 때,
나는 그 존재를 대리석에서 꺼내 주기 위해 힘차게 조각을 시작했지."

미켈란젤로가 지그시 눈을 감았어요.
"한 소년의 형태가 드러나기 시작했어. 젊고 아주 잘생긴 청년이었지.
그 청년은 민족의 적인 골리앗에 맞서기로 다짐했던 거야.
어마어마하게 큰 골리앗이 그를 죽이기 위해 바로 눈앞에 서 있었지.

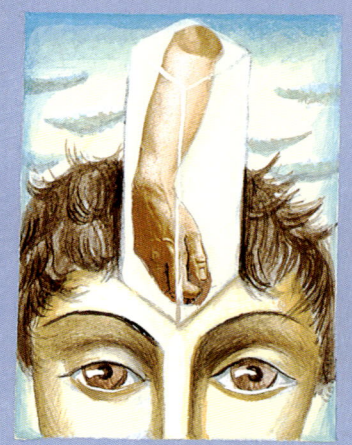

다윗의 시선이 골리앗에게로 향했어.
찡그린 이마 밑에 이글거리는 눈으로
골리앗의 키와 둘 사이의 거리를 가늠했지.
목의 힘줄은 팽팽하게 긴장됐고, 팔뚝의 혈관도
불룩하게 솟아있었어.
그때… 다윗은 팔을 타고 흐르는 전율을 느낀 거야.

그의 마음이 그의 손을 지배했지.
거대해진 것만 같은 손으로
돌을 꽉 움켜쥐고는 탄도를
계산했어.
돌로 골리앗의 이마를 명중시켜서
그를 쓰러뜨릴 작정이었지.
맞아, 나는 그 돌을 던지기 직전,
바로 그 순간의 다윗을
조각했던 거야."

"다윗과 골리앗의 대결, 메티를 쓰는 가슴 때 막강한 힘의 대결이었지. 둘 중 과연 누가, 진정한 거인인가에 대해서는 의심할 여지가 없었어."

그는 주머에 잠기며 이야기를 이어갔어요.

"꼬박 4년을 집체만 한 수레도 피렌체의 좁은 골목길을 이리저리 돌아다녔지. 갓난아이처럼 포대기에 싸인 〈다비드〉가 그 안에 들어 있었지. 나도 같이 다섯 수레가 덜컹거릴 때마다 〈다비드〉를 꼭 게안고 보호했어. 새벽이 되어서야 〈다비드〉는 궁전 앞에 오를 수 있었지. 공개된 〈다비드〉를 본 피렌체 사람들은 놀라움에 입을 다물지 못하고 조각상 주위를 맴돌았어. 나는 그들의 반응에 귀를 기울였지.

'어떤 각도에서 보도 정말 완벽하군요!'
'피렌체의 아름다운 조각상은 처음이에요.'
'이렇게 아름다운 조각상은 처음이에요.'

나는 기쁨을 주체할 수 없었어. '자유보다 더 중요한 것은 없다는 걸 보여 주네.'

해가 질 무렵이 되자 〈다비드〉를 보지 않은 피렌체 사람이 한 명도 없을 정도였어. 모두가 그를 보며 감정을 이입했단다. 다윗처럼 피렌체를 수년간 지배했던 메디지 가문에 맞서 그들을 주방했기 때문이었지.

그날 이후, 〈다비드〉는 피렌체 공화국의 상징이 되었어. 자유를 위해 목숨을 걸었던 사람들의 상징 말이야."

"〈다비드〉를 제작한 이후로 유럽의 모든 통치자들이 내 작품을 갖고 싶어 했어.
난 그중 단 한 명도 실망시키지 않았지!"
"그럼 전보다도 더 유명해졌겠네요. 돈도 많이 벌었나요?"
미켈란젤로의 집에는 기껏해야 침대와 담요 2장, 양가죽 1장밖에 없었어요.
"나의 노력으로 가족은 넉넉해졌지. 하지만 나는 언제나 가난했단다.
사치와 악덕을 일삼던 레오나르도 같은 사람이 아니었어.
사람들은 그를 만능 천재라고 불렀지만 나에게는 그에게 도전할 수 있는 용기가 있었지.
레오나르도 다빈치, 거장 화가!
그때 나는 아직 어렸고 조각가로만 알려져 있었지만,
피렌체 공화국이 우리 둘 모두에게 베키오 궁전의 프레스코* 벽화 작업을 맡겼어.
나는 그 기회를 놓치지 않고 즉시 받아들였지."
미켈란젤로의 눈에 과거의 날들이 마치 오늘 일처럼 선명하게 비쳤어요.

---
*프레스코 회반죽 벽에 그리는 벽화 기법.

"우리는 같은 주제로 그림을 그려야 했어. 피렌체가 승리한 두 전쟁에 관한 그림이었지.
그러나 나와 그는 그렇게 다를 수가 없었어!
레오나르도는 보통 한 번에 한 시간 이상 작업하지 않았어.
나는 새벽부터 땅거미가 내려앉을 때까지 일을 했지. 밤늦도록 계속할 때도 있었고.
그는 실크로 된 옷에 항상 향수를 뿌리고 다녔지만,
나는 늘 누더기를 걸치고 신발도 제대로 벗어 본 기억이 없었어.

우리 둘 다 프레스코 벽화를 그리기에 앞서 밑그림을 준비했단다.
레오나르도는 기사들과 용, 신을 묘사한 세련된 전투의 모습을 그렸어.
나는 아르노강에서 기습을 당한 병사들을 그렸어.
공개된 우리의 스케치를 보고 모두 다 걸작이라고 평가했지.
맞아, 하지만 불행스럽게 곧 흔적도 없이 사라질 스케치 작품이었지.
레오나르도는 그가 개발한 새로운 인토나코* 기법을 실험해보고 싶어 했어.
이 새로운 기법 때문에 그의 앙기아리 전투 벽화 상태가 빠르게 나빠졌지.
나는 로마로 가야 했기 때문에 카시나 전투 벽화를 시작도 하지 않고 있었어.
그런데 피렌체로 다시 돌아와 보니 내 밑그림 스케치가 사라진 거야."

*인토나코 옛날 프레스코 화법에 쓰였던 고운 회반죽 끝마무리.

"레오나르도 다빈치를 별로 좋아하지 않았죠? 누구와도 친하게 지내지 않으니까요."
"그건 내가 속마음을 그대로 내뱉기 때문이지. 심지어 교황에게도 말이야."
소년의 눈이 휘둥그레졌어요. 미켈란젤로는 말없이 고개를 끄덕였어요.
"교황 율리오 2세가 나를 로마로 부르더니, 시스티나 성당의 아치형 천장을 보며 말했어.
'내 이름이 영원히 남을 수 있도록 여기 천장화 작업을 맡아주게.'
교황의 이야기를 듣고 나는 주저했어.
'아치와 창으로 가득한 이 거대한 천장은 라파엘로에게 맡기세요!
저는 조각을 하고 싶습니다.'
하지만 나는 결국 제안을 승낙했단다. 그 누가 교황의 부탁을 거절할 수 있었겠니?

기를란다요 선생님께 프레스코화 기법을 배웠기 때문에,
나는 20미터 높이의 발판을 만들고, 조수 몇 명에게 인토나코 칠을 시켰어.
이후 내가 벽화에 칠을 하려고 보니 안료가 천장에 제대로 달라붙지 않았어.
그러던 어느 날 아침이었어.
'선생님, 빨리 와보셔야겠습니다!'
프레스코 벽화가 곰팡이로 뒤덮여 있었어. 인토나코 칠이 너무 젖어 있었기 때문이었지.
하지만 진짜 문제는 내 안에 있었단다. 내가 나를 믿지 않았던 거야!
대리석 조각이 너무 그리웠던 거지. 나는 페인트 붓을 내려놓았어. 우울감에 잠도 오지 않았지.
그러던 어느 날 저녁, 나는 '내일 당장 피렌체로 돌아가야겠다.'고 결심했어."

미켈란젤로가 손으로 눈을 지그시 감싸며 말했어요.
"그날 밤 꿈에서 수많은 신체가 보였어. 바로 조각상들의 몸이었지.
화들짝 깬 나는 꿈속에서 본 신체들 덕분에 영감으로 가득 차 있음을 느꼈어.
'조각을 하는 것처럼 그림을 그리면 되겠군.
벽에 그려지는 형상들을 대리석 조각처럼 생각해야지!'"

"나는 시스티나 성당으로 다시 돌아와 새로운 인토나코를 혼합해서 천장을 칠하기 시작했어.
일어서서 고개를 뒤로 젖히거나 아예 누운 상태로 그리며 작업에 몰두했지.
밥 먹는 시간도 없이 벽화에만 집중했어. 철저히 혼자서 꼬박 4년을 보냈어.
천장의 창과 틀, 기둥 위에는 울긋불긋 근육질의 아름다운 신체를 채워 넣었어.
이스라엘의 족장과 조상, 예언자와 선지자들은 시간의 책을 뒤적이며 그리스도의 강림을 예고했어.

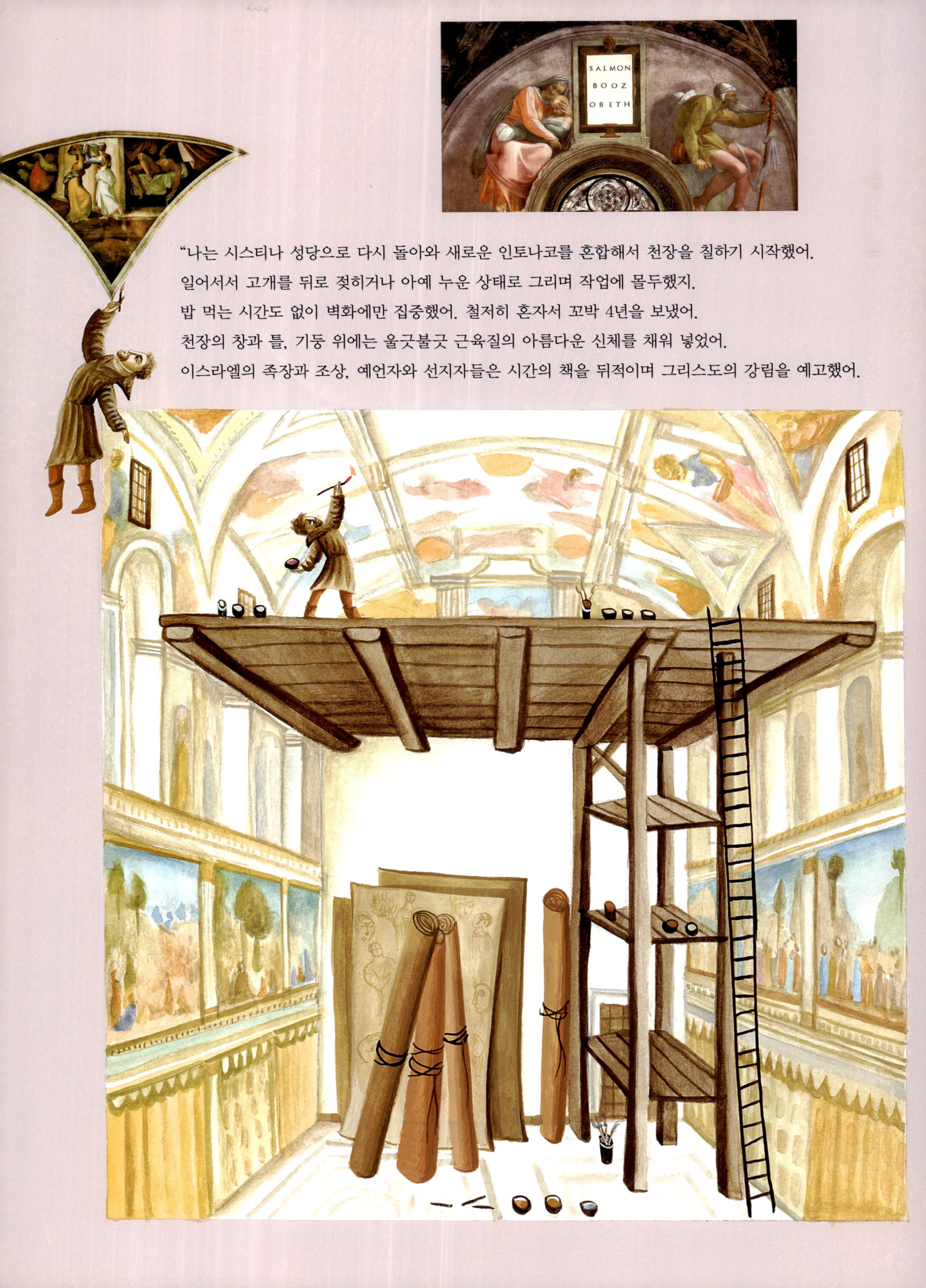

천장 한가운데에는 하느님을 그렸어.
주위에 가득한 에너지로
우주를 가로지르며
태양과 달,
지구를 창조하시는 하느님.

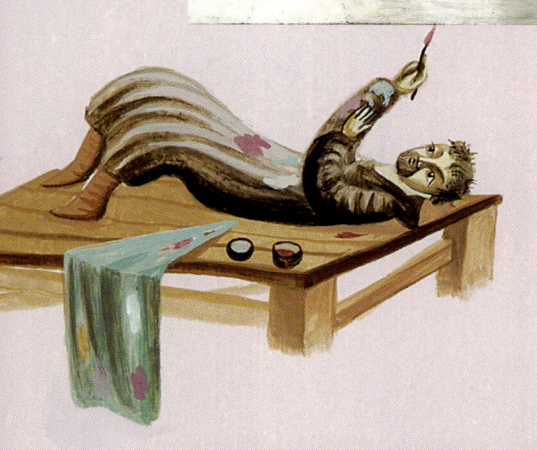

그리고 드디어 인간.
하느님은 아무것도 모르는 아담의 떨리는 손가락에
닿을 듯 말 듯 손을 뻗었지.
마치 하느님이 그의 삶에 한줄기 불꽃을 튀게 하신 것처럼."

머리에 내려앉은 먼지를 털어낸 미켈란젤로가 다시 현재의 시간으로 돌아왔어요.
"시스티나 성당에서 내 손을 움직이게 만든 것은 그런 불같은 열정이었단다.
4년이 지났는데도 나는 그 작업을 끝낼 수 없었어.
마치 한 몸처럼 떨어질 수가 없었던 거야. 어느 날 교황이 나를 부르기 전까지는 말이야.

'미켈란젤로, 언제쯤 저 발판을 치우고 우리에게 결과물을 보여줄 텐가?'
'제가 준비가 되면요!' 나는 퉁명스럽게 대답했어.
'자네가 준비가 되면? 자네가 준비가 되면?'
교황이 호통을 치고는 들고 있던 지팡이로 나를 한 대 내려쳤지.
나는 붓을 바닥으로 던져버리며 말했어.
'저는 피렌체로 돌아가겠어요! 저를 보는 건 이번이 마지막일 겁니다!'

나는 몸이 좋지 않아 집에서 쉬고 있었어.
천장화를 그리느라 계속 고개를 젖히고 있어서 목을 가눌 수가 없었거든. 시력도 나빠졌고 말이야.
이런 내 처지가 화가 나서 스케치 한구석에 글을 쓰며 분노를 터뜨리고 있었어.

나는 갑상선종에 걸렸고
내 뱃가죽은 등가죽에 들러붙을 지경이다.
허리는 내장이 다 보이도록 움푹 들어갔고
목뼈는 척추뼈로 불을 지르였다.
붓에서 물감이 뚝뚝 떨어져 내 얼굴을 얼룩덜룩 뒤덮는다.

이때 마침 교황 율리오 2세의 보좌관이 방문을 똑똑 두드렸어.
'교황님이 용서를 구하십니다.'

다음날 나는 다시 시스티나 성당으로 나가서 천장화 작업을 마무리하고, 2주 후에 발판을 걷었어.
하지만 천장화를 공개하고 축하하는 장엄 미사에는 참석하지 않았단다.
옷도 그대로 입고 신발도 벗지 못한 채로 침대에서 잠이 들어버렸거든.
그동안 로마는 내가 세상에 내놓은, 그들이 지금까지 한 번도 경험하지 못했던 천장화를 보며
감탄에 젖어 있었지."

"37살이 된 나는 조각이 하고 싶어 안달이 났어.
그렇게 마침내 카라라의 새하얀 대리석 산지로 돌아갔어.
'거기 아래에 있는 그 대리석! 그거 주시오! 그쪽을 파 보시게.'
나는 수풀에서, 오두막에서 쪽잠을 자며 몇 날 며칠을 채석장에서 보냈어.
채석꾼들의 울긋불긋한 팔뚝과 깊게 주름진 얼굴들을 스케치하면서 말이야.
이렇게 힘든 과정마저 즐거웠지.
내가 고른 대리석 덩어리가 마침내 내 눈앞에 나타났을 때
나는 그 돌을 어루만지고, 냄새를 맡으며 끌로 쿵쿵 치기 시작했어.
'드디어 만난 나의 대리석, 분명 완전한 대리석 그 자체일 거야.'
나는 계속 이렇게 중얼거렸어.
눈처럼 새하얗고 순수 그 자체의 반짝이는 대리석.
바로 이 대리석에 갇힌 나의 죄수들이 해방되기를 목 놓아 기다리고 있었지."

"죄수들이 해방되려고 했다고요?"
"로마 황제들이 전쟁에서 돌아오는 행렬 앞에 노예들을 줄 세워 오는 것처럼,
교황 율리오 2세의 무덤에 여러 노예를 묘사한 조각상들을 장식하려고 했단다.
이 작업은 중간에 중단되어서 완성하지는 못했지.
그때 끝내지 못했던 조각들이 여전히 대리석에 갇혀 있는 거야.
몇몇은 머리가, 일부는 손 아니면 다리가 빠져나오지 못한 거지.
여전히 그 대리석에서 해방되려고 애쓰고 있을 거야."

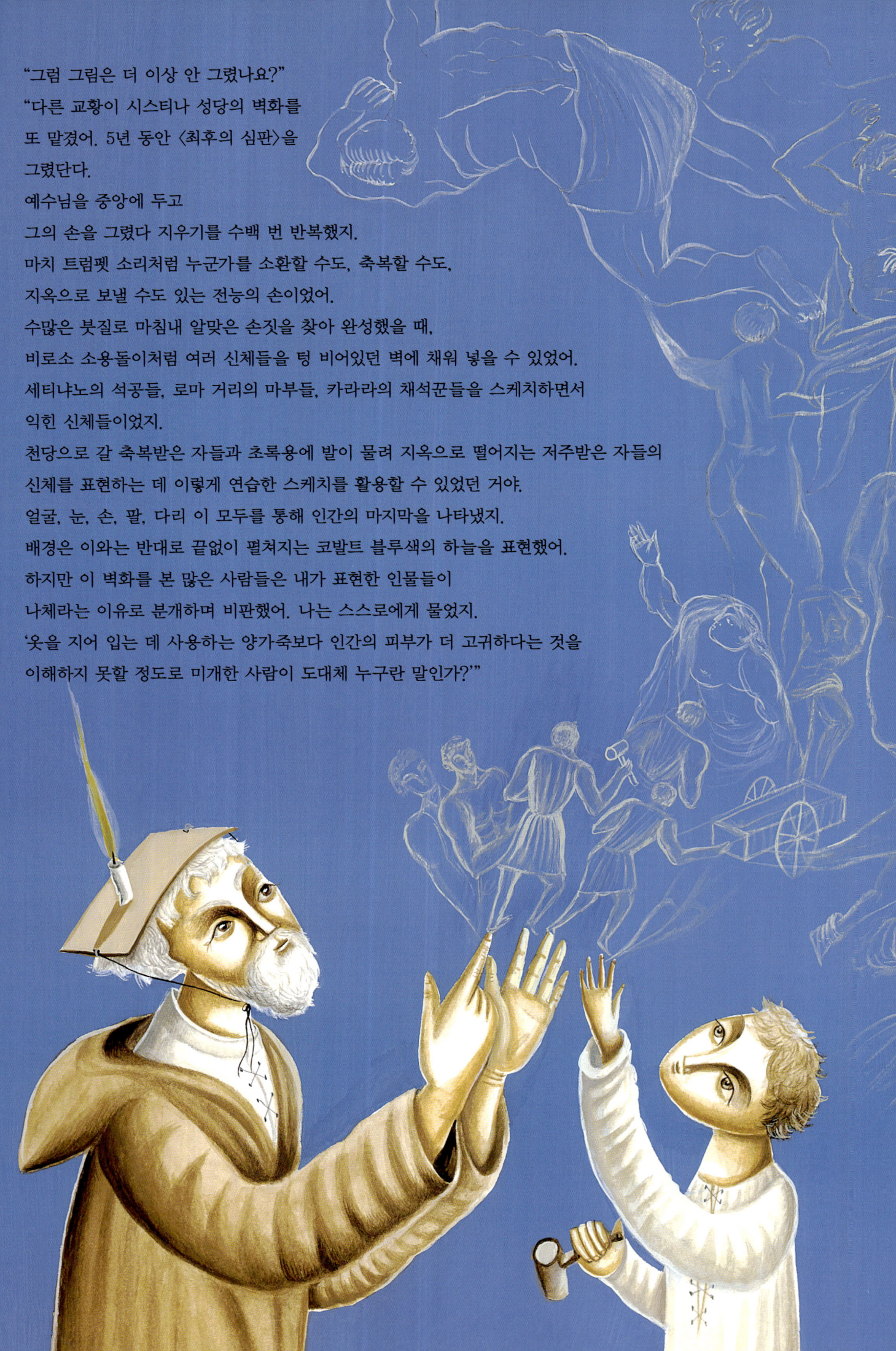

"그럼 그림은 더 이상 안 그렸나요?"
"다른 교황이 시스티나 성당의 벽화를
또 맡겼어. 5년 동안 〈최후의 심판〉을
그렸단다.
예수님을 중앙에 두고
그의 손을 그렸다 지우기를 수백 번 반복했지.
마치 트럼펫 소리처럼 누군가를 소환할 수도, 축복할 수도,
지옥으로 보낼 수도 있는 전능의 손이었어.
수많은 붓질로 마침내 알맞은 손짓을 찾아 완성했을 때,
비로소 소용돌이처럼 여러 신체들을 텅 비어있던 벽에 채워 넣을 수 있었어.
세티냐노의 석공들, 로마 거리의 마부들, 카라라의 채석꾼들을 스케치하면서
익힌 신체들이었지.
천당으로 갈 축복받은 자들과 초록용에 발이 물려 지옥으로 떨어지는 저주받은 자들의
신체를 표현하는 데 이렇게 연습한 스케치를 활용할 수 있었던 거야.
얼굴, 눈, 손, 팔, 다리 이 모두를 통해 인간의 마지막을 나타냈지.
배경은 이와는 반대로 끝없이 펼쳐지는 코발트 블루색의 하늘을 표현했어.
하지만 이 벽화를 본 많은 사람들은 내가 표현한 인물들이
나체라는 이유로 분개하며 비판했어. 나는 스스로에게 물었지.
'옷을 지어 입는 데 사용하는 양가죽보다 인간의 피부가 더 고귀하다는 것을
이해하지 못할 정도로 미개한 사람이 도대체 누구란 말인가?'"

"사람은 옷을 입고 천당으로 가지 않나요?"
소년이 놀란 눈으로 물었어요.
"사람은 세상에 나온 모습 그대로 다시 돌아간단다! 하지만 기다려보면 볼 수 있을 거다.
내가 죽자마자 누군가가 내가 그린 나체의 인물들을 가리려고 천이나 베일을 그려 넣겠지."
"〈최후의 심판〉을 완성한 다음에도 계속 그림을 그렸나요?"
"그래. 그래도 마음은 항상 20년이 넘도록 나를 기다리고 있는 커다란 대리석 조각상으로 향해 있었어."

"교황 율리오 2세의 무덤에 사용될 모세 조각상을 만들기 시작했지만, 끝마치지는 못했어.
무언가가 마음에 들지 않았는데, 그것이 무엇인지 도저히 알 수가 없었지.
완성한 조각상을 달라고 재촉하는 통에 다시 작업에 집중하기로 마음먹었어.

모세는 꼿꼿이 앉아 있었고 강인한 근육으로 에너지와 힘을 내뿜고 있었단다.
눈앞을 뚫어지게 쳐다보고 있었지.
그때 갑자기 금빛 태양이 방 안을 밝혀 주었어.
그러나 모세의 머리는 반대쪽을 향하고 있어서 태양빛을 보지 못했어.
'고개를 돌려! 태양빛을 보라고.'
하지만 모세는 가만히 앉아서 나를 노려봤어. 마치 이렇게 이야기하는 것 같았지.
'도대체 원하는 것이 뭐요? 아직도 만족을 못 했소?'
난 모세와 싸움을 받아들였어. 있는 힘을 다했지.
망치질 끌질로 힘차게 내리쳐서 조각상의 부피를 줄이고 틀에 짜 넣듯 작업했어.
먼저 고개의 방향을 바꿔 버렸지. 코 부분도 끌로 내리쳐서 원래 볼이었던 부분에 코를 새로 만들었어.
입도, 눈도, 시선도 새롭게 손봤단다.
다음으로는 한쪽 다리를 잡아서 살짝 방향을 바꿔 구부렸지.
마치 자리에서 일어서기 직전의 자세처럼 발 모양을 바꾼 거야.
그의 몸 전체가 눈부신 태양빛을 바라보고 있었어.
대리석 조각과의 싸움에서 내가 승리한 거야."

동이 트기 시작했어요. 미켈란젤로는 피곤했지만 이야기를 멈추지 않았죠.
"나는 세계에서 가장 규모가 큰 성 베드로 대성당의 둥근 지붕을 설계했어.
이 외에도 수많은 건물, 요새, 교회, 광장을 건축하고 설계했지.
내 인생은 도전으로 가득했어.
하지만 오늘 너와 함께 지난날을 곱씹어보니,
그동안 내가 나 자신과의 싸움에서 승리해왔구나.
나는 성질도 못되고 자존심도 강하고 야망에 가득 찬 사람이었지만,
이제는 나의 위대한 작품들 앞에 서 있을 때도 몰랐던 내면의 평온을 찾았단다."

미켈란젤로는 소년을 향해 웃어 보이기 위해 몸을 돌렸어요.
하지만 소년은 더 이상 그곳에 없었어요.
추억 여행으로 가득했던 그 시간 동안 미켈란젤로 곁에 있던 그 사람은 누구였을까요?
정말 소년이었을까요, 아니면 환상이었을까요?

미켈란젤로는 자신의 무덤을 장식할 피에타상을,
아직 그 대리석에 갇혀 해방되기를 기다리는 인물들에 대해 생각해 보았어요.
두 명의 인물이었지만 한 몸 같아 보였죠.
죽은 아들과 그 아들을 품 안에 꼭 안고 있는 어머니 마리아의 모습은
마치 예수가 어머니의 고통을 끌어안고 있는 것처럼 보이기도 했죠.
벅찬 감정이 미켈란젤로를 사로잡았어요.
"이것이 내 마지막 작품이구나."
그는 가냘픈 두 영혼 위로 몸을 구부렸어요.
그리고 서로를 끌어안고 있는 이 둘을 커다란 손으로 껴안았어요.

화가 미켈란젤로

〈성모자상〉, 1525

〈시스티나 예배당 천장화〉의 세부적인 모습들